VIE
DU GÉNÉRAL LAFAYETTE,

SA CONDUITE
PRIVÉE ET POLITIQUE,

DEPUIS

L'INSURRECTION AMÉRICAINE,

JUSQUES ET COMPRIS

La Révolution
DE 1830.

PARIS,

IMPRIMERIE DE SÉTIER,

Rue de Grenelle Saint-Honoré, N° 29.

___

1834.

VIE DU GÉNÉRAL
LAFAYETTE.

LAFAYETTE (Marie-Paul-Joseph-Roch-Yves-Gilbert MOTTIERS, marquis de) né en Auvergne en 1757, mort à Paris le 20 mai 1834.

D'une des familles les plus anciennes de cette province, commença à paraître dans le monde à une époque où les distinctions nobiliaires n'étaient plus qu'un vain nom, et où des idées de réforme commençaient à se répandre.

Benjamin Franklin était à Paris, sollicitant l'intervention de la France en faveur des colons de l'Amérique du nord, insurgés contre l'Angleterre.

Départ pour l'Amérique.

Lafayette se trouvait alors maître d'une fortune assez considérable, et venait d'épouser Mademoiselle de Noailles, fille du duc d'Ayens. Il n'attendit pas que le roi se fut déclaré entièrement en faveur des américains, mais il fit équipper secrètement, à ses frais, un bâtiment chargé d'armes et de munitions, sur lequel il fit voile pour l'Amérique.

Lafayette s'engagea comme simple volontaire parmi les insurgés : mais bientôt M. de Rochambeau ayant été envoyé à leur secours par Louis XVI, et ayant reconnu le mérite de Lafayette le mit à la tête d'un corps de volontaire qui contribua puissamment aux succès de la cause américaine.

Dans cette lutte, le jeune Lafayette se montra d'une manière brillante, obtint de grands succès, se distingua sur les champ de bataille : il devint l'ami de l'illustre Washington. Aussi, lorsque l'indépendance américaine fut reconnue, revint-il en France avec le grade de Maréchal-de-champ, comblé de témoignages de la reconnaissance des Américains.

Retour en France.

Sa réception, à Paris, ne fut pas moins brillante : on ne parlait que de Lafayette, partout on célébrait sa gloire, son portrait était dans toutes les mains. Il fut nommé, à l'unanimité, député aux états-généraux par la noblesse de l'Auvergne, et y fut reçu avec faveur.

Déclaration des Droits.

Le 11 juillet 1789, il proposa une déclaration des droits qui eut le plus grand succès, et en la motivant

Il prononça ces paroles mémorables : que « lorsque la
» tyrannie était à son comble, l'insurrection était le
» plus saint des devoirs. »

De cette époque, l'attention générale se fixa sur
Lafayette, et un pouvoir immense lui fut alors déféré.
Lors de l'insurrection du 12 juillet, provoquée par les
intentions hostiles de la cour, à l'égard de l'assemblée, dans le but évident d'employer la force pour la
dissoudre, MM. Monnier et Lally-Tollendal ayant fait
décréter que la dette publique était mise sous la sauve-
garde et l'honneur des français, Lafayette fit ajouter
que les nouveaux ministres, nommés par le roi, et
tous les fonctionnaires civils et militaires, seraient
responsables de toute entreprise contraire aux droits
de la nation et aux décrets de l'assemblée nationale.

Après avoir fait prendre cet arrêté, Lafayette pré-
sida l'assemblée, en remplacement de Lefranc-de-
Pompignan, archevêque de Vienne, trop âgé pour
continuer à présider une séance aussi longue, et qui
se prolongea toute la nuit.

Lafayette commandant de la garde nationale.

Nommé bientôt par la commune de Paris, commandant de la milice parisienne, qui prit aussitôt le
nom de garde nationale, le général accepta ce commandement avec reconnaissance et respect, et, l'épée

à la main, prononça le serment de sacrifier sa vie à la conservation de la liberté française.

Tout était alors dans le désordre, et tous les partis concouraient à l'entretenir, et malgré son ascendant sur le peuple, Lafayette eut, le 22 juillet, la douleur de ne pouvoir sauver Foulon, qu'il vit pendre sans pouvoir l'empêcher, ainsi que l'infortuné Berthier qui, deux heures après, eut le même sort.

Lafayette à Versailles.

Une insurrection plus formidable encore éclata le 5 octobre. Les gardes nationaux de Paris réunis aux gardes françaises, demandèrent à être conduits à Versailles pour venger la cocarde et les couleurs nationales foulées au pied par les gardes du corps. Lafayette se mit à leur tête, et demanda à la commune l'autorisation de se rendre à Versailles. Celle-ci prit aussitôt la décision suivante :

« Vu les circonstances et le désir du peuple, et sur
» la représentation de M. le Commandant général
» qu'il est impossible de s'y refuser, l'assemblée au-
» torise M. le Commandant général, et même lui or-
» donne de se transporter à Versailles. »

Mais avant que la garde nationale pût être rassemblée, le peuple s'était déjà porté sur Versailles et y avait déjà commis des désordres. Lafayette n'y arriva qu'à onze heures du soir à la tête de la milice citoyenne et fit occuper tous les postes. Après avoir rassuré le roi et la reine, il alla se reposer; mais une troupe s'étant introduit par les jardins, vers 6 heures du matin, parvint, après avoir tué trois gardes du corps, jusqu'à la chambre à coucher de la reine, qui fut obligée de se sauver à demi-vêtue par u escalier dérobé, et d'aller trouver le roi. Lafayette arriva aussitôt à la tête de ses grenadiers, et sauva quinze gardes du corps qu'on allait massacrer, et fit évacuer le palais. Il engagea alors Louis XVI à revenir à Paris ; le calme se rétablit, et jusqu'à son départ, il n'y eut que peu de désordres. Quelques brigands commentaient encore quelques excès, un boulanger fut pendu; mais ses assassins furent exécutés. Un autre homme ayant été hissé à la lanterne sur le quai de la Féraille; Lafayette accourut, coupa lui-même la corde avec son épée et sauva ce malheureux.

Fédération.

Le 14 juillet 1790 arriva. Ce fut le grand jour de la fédération. Les députations de toute la garde nationale de France et de l'armée, réunies au Champ-de-Mars, décernèrent à Lafayette le commandement général de la garde nationale française. Tout le monde avait les yeux fixés sur le jeune général environné des hommages de la force nationale : il fut réellement le maître du royaume, et sa puissance était sans bornes.

Malgré ses soins importans que nécessitait un commandement si étendu, le général Lafayette n'en vota pas moins pour tous les actes nationaux de quelque importance, comme le jugement par jury, et l'émancipation des hommes de couleur. Il sauva la vie à Mirabeau et chercha constamment à maintenir l'indépendance de la réprésentation nationale.

Quelques jours avant Pâques de 1791, Louis XVI voulut se rendre à Saint-Cloud, mais ses ennemis ayant fait courir le bruit qu'il avait l'intention de sortir du royaume, la garde nationale le crut et s'opposa à son départ La-fayette, mécontent de cet acte d'insubordination donna sa démission, qu'il retira bientôt à la sollicitation de la garde nationale repentante.

Lors du départ du roi, il fut accusé de con-nivence, même dans l'assemblée où il fut défendu avec énergie par Barnave. Marat ne cessait alors de le dénoncer et le traitait de traître; les anarchistes se réunirent au champ de Mars, et une insurrection en fut la suite. La-fayette s'y porta s'y porta et les dispersa, des coups de fusil et de canon furent tirés sans ses ordres, ou plutôt malgré ses ordres. Un nommé Fournier lui tira un coup de pistolet à bout portant, il fut arrêté. Lafayette le fit mettre en liberté, et l'on ne craignit pas l'accuser d'avoir fait assassiner les patriotes. Les Jacobins cependant ne durent leur salut qu'à sa modération

Constitution de 1791.

La constitution de 1791 promulguée, il donna sa démission de commandant de la garde nationale. Il fit décréter que le commandement de la garde nationale appartiendrait alternativement aux chefs de légions.

La municipalité fit frapper une médaille d'or en l'honneur du général Lafayette et lui fit hommage du buste de Wasihngton. Il avait fait le sacrifice de sa fortune pour la cause nationale, sans vouloir accepter les dédommagemens offerts à plusieurs reprises par la ville de Paris.

Mai 1791.

Le roi le nomma alors au commandement de l'armée du centre, qui entra en campagne mai. Il ne s'y passa cependant rien de remarquable, sinon qu'il la maintint toujours dans un excellent esprit constitutionnel, ce qui lui attira la haine des anarchistes, et des demandes

successives de mise en accusation. Il ne craignit pas pourtant de revenir à Paris, où il fut
très-bien reçu par la garde nationale. Une dé-
putation de grenadiers des divers bataillons
vint lui présenter les hommages de ses anciens
compagnons d'armes, planta devant la porte
de sa maison un arbre de la libvrté orné des
couleurs nationoles, et voulait qu'il se mit à
leur tête pour chasser les Jacobins; mois, ami
de la légalité, Lafayette avait confiance dans
la constitution.

Il invita, avant de retourner à l'armée, le
roi à se rendre au milieu de ses troupes pour
se mettre à l'abei des poignards des factieux,
répondant de sa sureté; mais les intrigues de
cour, et la méhance de la reine fut un obsta-
cle à l'adoption de ce dernier moyen de salut.

Mise en accusation.

Il fut enfin mis en accusation, mais cette
proposition fut rejetée aux deux tiers des
voix.

10 Août.

Lorsque Lafayette apprit les evénemens du
10 août, il voulut faire face à l'orage; il fit ar-

rêter les commissaires qui étaient venu le des-
tituer, mais doutant enfin de pouvoir contenir
pouvoir contenir plus long-temps les soldats
dans leur devoir, il fut obligé de quitter son
armée.

A peine eut-il passé la frontière qu'il fut arrêté à Luxembourg, où il fut maltraité par des
émigrés. Le duc de Saxe-Teschen le fit livrer
au roi de Prusse qui le fit conduire d'abord à
Wesel, et ensuite à Magdebourg, où il resta
une année dans les cachots.

Prison d'Olmutz.—1795.

Lors de la paix de 1794 le rai de Prusse re-
mit son prisonnier à l'empereur d'Autriche qui
le fit conduire à Pluntz, où il fut traité avec
encore plus de barbarie. Tombé malade, ses
médecins ayant demandé qu'il fut traité moins
sévèrement, le docteur Bolleman et le jeune
Huger, chez le père duquel le général avait
demeuré en Amérique, l'enlevèrent au mo-
ment où il sortait pour prendre l'air; mais
arrêté à huit lieues d'Olmutz, il fut encore
plus maltraité, et, malgré sa maladie, laissé
sans lumière et sans linge.

1815.

Après le 20 mars, Lafayette fut nommé député à la Chambre des représentans, où il ne vôta que pour l'indépendance nationale.

Il fut un des commissaires nommés pour entamer des négociations avec les alliés ; négociation qui n'eurent aucun succès, et rentra dans ses foyers à la dissolution de la chambre.

Révolution 1830.

Cette époque mémorable le retrouva toujours de même, avec autant de vigueur dans l'esprit que de fixité dans les principes. Il fut, pour ainsi dire, le premier qui se prononça.

Dites, dit-il, aux envoyés de Charles X, qu'il n'est plus temps : il a cessé de régner.

Appelé de nouveau par la volonté nationale, au commandement général des gardes nationales de France, il s'acquitta malgré son grand âge de ses hautes fonctions, avec zèle et désintéressement.

www.ingramcontent.com/pod-product-compliance
Lightning Source LLC
Chambersburg PA
CBHW051502060726
47596CB00007B/2890